島影《とうえい》

的場 契
Matoba Kei

文芸社

長い休みが終わると
わたしはいつも、ここに帰ってくる
濃いグレーのカプセル
かすかな頭痛と
踊ることを許された汗

ねぇ、アンリ

この時計の蓋

PLAでいいの?

目次

島影

アングレム

フランス南西部、アングレム。

私がこの街の名前に再び出会うことになったのは、帰国後だいぶ経ってからのことだった。行きつけの床屋で順番待ちをしている間、手に取った、日本人と思われるが国籍不詳の国際的超一流狙撃手を主人公とした劇画の冒頭部分であった。


「ヘイ！ リトル」

小柄で白髪の、意地悪そうな——その時の私には、少なくともそのようにしか見えなかったのだが——老車掌が、英語で私を呼び止めようとした。

私は、あえて一瞥もくれず、彼の側をすり抜けながら、背中のリュックを思い切り揺すった。リュックの片方の上の角からは、モロッコで買った、亀の甲羅を共鳴部分に使った弦楽器の先が、確かフランクフルトで求めたスキー用のソックスをかぶせて突き出していたのだが、それが老車掌の顔をかすめて、しかも当たらないように、細心の注意を払いながら。

五か月を超えていた私の旅は、私に、それらの国でもめごとを起こしたらどのような不利が自分に及ぶか、などというつまらない知恵まで付けてくれていた。

私はホームを列車の後方に向かって歩きながら、途中途中の車両の窓から顔を出している別の車掌に、

「誰か日本人は乗っていないか」

と訊いていった。答えはいずれも、

「ノン」

であった。

私はホームの端から線路を渡り、駅舎に入った。重い荷物を下ろした。

駅舎には乗降客はひとりもいない。私が車掌に訊ね回っているうちに、既に散ったのであろうか。いや、数人は降りたであろうとは思ったが、果たしてそうであったかどうか、午前〇時四四分、私の長い旅の中でも最も長い一日が終わろうとしていた。

私は何か温かいものを摂ることにした。リュックの中から小さな鍋を取り出すと、駅舎とホームとの間にある蛇口に水を汲みに立った。

ゴトン、とパリ行きの列車が動き出した。私は水道の蛇口を見つめたまま、列車を振り返ることはなかった。

アテネから持ち歩いていた携帯用のボンベに火をつけ、鍋をかけた。どこで買い求めたのだったか、インスタントのスープを水に落とし込んだ。私はぐつぐつ煮え立った鍋を支えて駅舎の待合いロビーに戻ったのだが、駅員は見ていたのかいなかったのか、何の咎め立てもなかった。

翌朝までその駅には列車はなかったし、私の姿に何の注意も無駄と思ってのことだったのかもしれない。

私は、リュックのポケットに残っていた僅かばかりの食べ物をすべて引っぱり出した。とうに賞味期限の切れた梅干しが一個、容器の隅にへばりついている。塩昆布、これもまたどうして今まで残っていたのか、多分あることも忘れていたのだろう。しょっぱいが温かいスープと梅干しと塩昆布、私は鍋ごと一気にそれらを平らげた。私にとって、事実上の旅の終わりであった。

パス、ノス

BRITISH RAIL
5p
THANK YOU
BTH 37960/1
AUTOMATICKET LTD.
A 43769
A 43769

私はロンドンを離れ、出発前に考えていたように旅に出ようと考え始めていた。日本を発つ前に購入していたスチューデント・レイルパスの使用開始日も過ぎていたし、急がなくてはならなかった。そこで、英国を離れる前に一週間ほどのショート・トリップを思い立ち、スコットランドに向かうことにした。

時間的に、エジンバラからネス湖を巡りグラスゴーまでの旅程しか思いつかなかったが、出来ることならパースで北海の鱒漁を見たいものだと思った。私はこの時になって初めて、ロンドンでの長逗留を悔いた。

エジンバラは言わずと知れた古都である。「エジンバラ城」から「ホリルードハウス宮殿」までのロイヤルマイルを歩きながら、私の心は急いていた。私は北海が見たいのである。観光案内所でもらった街の地図でも、この街並みを抜けると丘があり、そこから北海の湾が見えるはずであった。

北海、それは私にとって北の陰鬱な海であり、鯨でありバイキングであり、海底油田の掘削が始まった海である。ロイヤルマイルを抜けて左手に下りていくと枯れ芝の丘陵に出る。北海だ！　鉛色の空を低く映している。

私は丘陵を巡りながら、灰色の海を飽きることなく眺めていた。と、その時、私は濡れた枯れ芝に足を滑らせてしまったのである。足下の土の湿り気は十分に感じていたつもりであったが、迂闊だった。四、五メートルは滑り落ちただろうか、ズボンの片方は生地の色も分からぬほど泥で光っていた。まいった。

ショート・トリップということで、荷物はほとんどロンドンに置いてきており、ズボンの着替えなどは持ち合わせていなかった。何か応急の着替えを買わなくてはならない。さりとて貧乏旅行ゆえ金は使いたくないし……。考えつくまでに時間はかからなかった。貧乏旅行は貧乏旅行用の知恵をつけてくれるものである。

私は、ロンドンでチェルシーFCのユニフォームを記念に買っていた。これだけは貧乏旅行にあって唯一の贅沢である。私はサッカーが大好きであった。今回は「下」を買えばよい。私は丘を下り、店のありそうな通りに出ていった。スポーツ用品店に飛び込むと、一番安いサッカーパンツを購入し、それを持って丘の下の公衆トイレに直行した。

上はロンドンのスーパーマーケットのバーゲンセールで買った防寒ジャンパー、下は膝までの多少ぶかぶかのサッカーパンツという姿で、私はズボンの泥を落としにかかった。十一月のスコットランドは寒い。水道の水だけでは泥は容易に落ちてはくれなかった。

私はあきらめて、宿泊予約の電話を入れておいたユースホステルに早めに向かうことにした。混み合うバスの中でも、好奇の目は私に集中しているのを感じながら。

ユースホステルの中でも泥落としにやっきになり、どうやら七分方取れたかと思ったが、困ったことに気が付いた。翌朝までに乾きそうにないのだ。仕方なく、翌朝コインランドリーに行って再洗濯、乾燥と決めた。一人旅は決断が命である。

翌朝、ユースホステル近くのコインランドリーに行くと、近所の主婦たちがかしましくおしゃべりしながら洗濯タイムのようだった。この辺りでは洗濯はコインランドリーでするのだろうか？　上は防寒ジャンパー、下はサッカーパンツの私が駆け込んだものだから、おやおやどうした、ということになった。私の脚は寒さに紅潮している。

「寒いね」

私が挨拶がてら声を掛けると、

「当たり前だよ、あんた」

「ここは北だよ」

と次々に答えが返ってきた。

「これを洗濯して乾かしたいんだが」

と、私がマシンの使い方を訊ねるか訊ねないかのうちに、

「いいよ、いいよ。私がやったげるから。あんたはどっかで休んでおいで、と言っても、その格好じゃどこにも行けないか」

一同大笑いしながら、かしましい洗濯タイムに戻っていったのである。

ズボンを乾かした私は、遅くなった出発を心配しながらも、とにかくネス湖の入口のインバネスまでその日のうちにたどり着こうと、エジンバラを発った。

郊外の国道までバスで行き、そこからは何とかヒッチハイクだ。インバネスに向かう国道の入口で乗せてくれそうな車を待ったが、車そのものがなかなか来ない。バカでかいトレーラーが曲がって来た。三十トンぐらいあるだろうか、運転席など下からは見えないほどのデカさだ。私

は、これはダメだろうなと指も挙げずにポカンと見ていると、きしむようにしてそのトレーラーが私の目の前に停まったのだ。私がいかにも間の抜けた様子で、ヒッチハイカーと一目で分かったのだろうか。

私の目の前は、私の背丈より大きなタイヤで、私は慌てて前方の運転席の方へ走った。運転席の下から声を掛けようとしたが、運転席が高すぎてドライバーの顔も見えない。助手席側のドアがガチャッと開き、ステップが現れた。チビの私はやっとの思いでステップに足を掛けると、助手席によじ登るようにしてドライバーの顔を覗き込んだ。

私が、「インバネスまで行きたいんだが」と言ったか言わないか、そんなことはどうでもいいから早く乗れ、とばかりに、彼は私を手招くように助手席にすべり込ませた。

トレーラーがまたゆっくりと動き始めた。私にとっては生まれて初めての海外でのヒッチハイクだった。緊張もしていただろうが、何か声を

掛けなきゃ、

「寒いね」

と私が言うと、

「ノス」

と一言。

縮れ毛で赤ら顔、丸太棒のような腕には刺青、トラックドライバーの世界標準とでも言いたくなるようなその男は、短く答えた。

「インバネスまで行きたいんだが」

私が再び言うと、

「そこまでは行かないが、途中までだ」

とのこと。

「どこから来たんですか」

と私が訊くと、

「パス」

と、また一言。ぶっきらぼうな答えが返ってきた。

スコットランドの湖沼地方を北上するドライブは爽快だった。当時の日本では、私は冬になると枯れてうす茶色になる芝しか見たことがなかったので、道の左側に川を隔てて広がる、緑の芝のみずみずしさと紅葉の織りなす美しさに見とれながらの旅となった。

時々、有名なスコッチウィスキーの工場が窓の外を過ぎていく。「ノス」か、と、突然私の中でもやもやしていた霧が晴れた。「パス」って、もしかすると「パース？」。私はむし返す

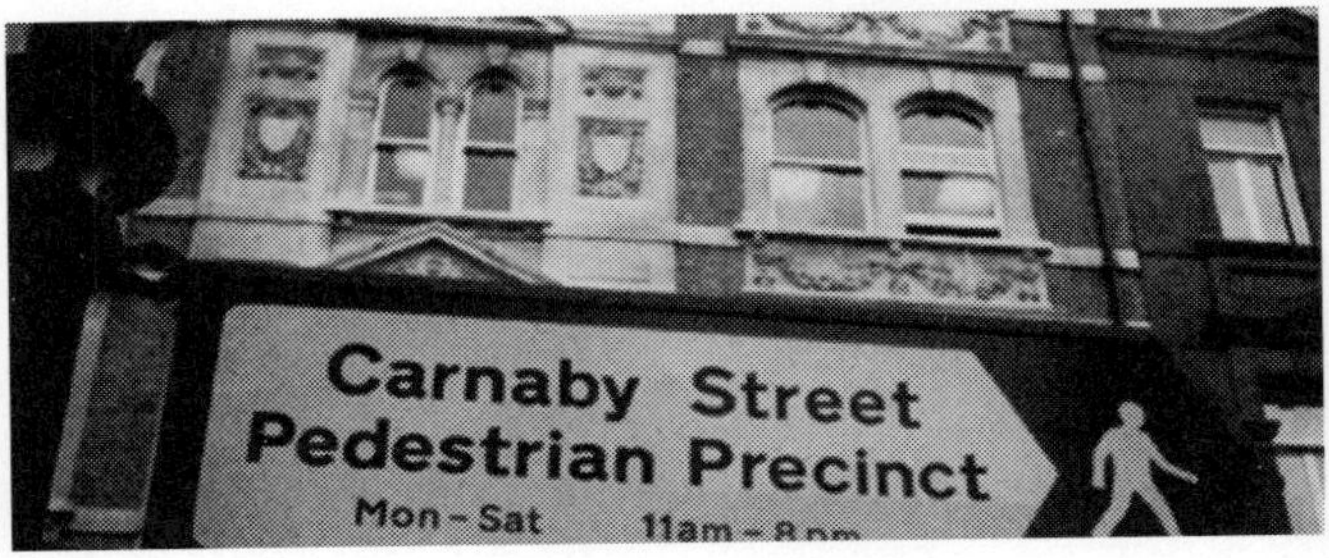

ようにもう一度訊ねた。

「パス」

と、また一言、短い答えが返ってきただけだった。

「パスってどこにあるの」

私は追いかけるように訊いてみた。

「海の側だ」

私はわくわくしてきた。

「北海の？」

「そうだ」

「そこは大きな漁港じゃない？」

「ああ、あるよ」

パースだ、パースだ。私が行ってみたいと思っていたパースだ。「ノス」か、「パス」か、私はすっかり嬉しくなってしまった。

魚を運んでいるのか、と訊くと、そうではなかった。途中から川を渡って三キロメートルほど奥の鉱山とパースとの間を、物資を積んで往復しているらしかった。

「さあ、ここだ」

トレーラーは橋のたもとまで来た。私は礼を言って、記念に彼の写真を撮った。

次の車は思いのほか早く見つかった。現場からの帰途だろうか、工具類を積んだ軽トラックの荷台が、私の次の指定席となった。もう夕暮れも近いし、国道とはいえ郊外の一本道には車の数もまばらだった。

しばらく行ってから、私は重大な忘れ物に気づいた。カメラがないのである。さっきのドライバーを撮ってから使ってないが、もしかしたらこの車に乗るときに少し走ったから、その時にでも道端に落としたか……。私は急いで車を止めてくれるように頼んだ。とにかく引き返しかないのだ。私は訳を話し、礼を言うと、今来た道を徒歩で戻ることにした。幸い、遠くだが車を乗り継いだ橋のあたりはまだ見えていた。

二番目の車に拾ってもらった地点から橋の方へ向かって、道端を捜しながら戻ったが、カメラは見つからない。夕闇も迫ってきたし、町まで何キロあるか分からないこんな郊外で、しかも寒空に野宿もできないか、と半ば諦めかけていたその時、橋の向こうからあのばかでかいトレーラーが戻ってくるのが見えた。さっきのトレーラーだ。私が橋のたもとに駆けつけるよりわずかに早く、トレーラーがきしみながら停まった。

今度は運転手側のドアがガチャッと開き、あのドライバーが降りてきた。手には私の小さなカメラがあった。

「よかった。その角の監視所に預けていこうと思っていたところだ」

パスとノスが輝いて見えた。

私は彼のトレーラーの後ろ姿を見送ると、インバネスまでの行程を急いだ。三番目の車も、幸運なことに程なく停まってくれた。もっとも、薄暗くなり始めた辺りに、東洋の小柄なヒッチハイカーを無視して通り過ぎることも出来なかったのかもしれない。

インバネスの駅で降ろしてもらい、町に入る直前に見つけていたB＆Bの看板まで引き返したのは、日もとっぷりと暮れた七時半ぐらいだったろうか。

ベルギー

その都市は、容易に真の姿を示さない。

グランプラスから小便小僧の像の方に歩いて少し行くと、路面電車の駅がある小さな広場に出た。

午後もまだ早い時間だが、鉛色の低い空が支配するヨーロッパの冬は、行き交う人々の動きを刷り込むように、情景をいつも夕景に変えるかのようだ。

雨が降ってきた。いつものことか。雨音が妙に激しく、路面電車の停留所の屋根を鳴らすのでよく見ると、それは雹《ひょう》だった。私はあわててカフェの軒下に身を移した。道が激しく鳴っている。

カフェの中は若者で混んでいた。学校は休みなのだろうか。鼻先を赤くしながら、温かい飲物を前に談笑がとぎれることなく続いている。数組のカップルは、気のせいだろうか先程から私の方をちらちら見ながら、好奇の眼差しを送っている。いつからとなく繰り返されてきた情景、多分彼らの親もそうであったに違いない、北西ヨーロッパの冬、昼下がり、雹。公園から小さな橋を経て続くカフェの前の道も、だんだん雹の粒で白く埋まってきていた。

私は、ＥＣ本部の壁で、鉛色の空を背景に強い北風にはためいていた、この国の国旗を思った。

エルベ

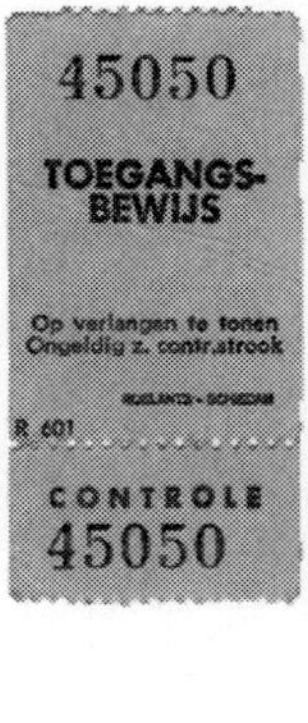
45050
TOEGANGS-
BEWIJS
Op verlangen te tonen
Ongeldig z. contr.strook
R 601
CONTROLE
45050

ここはハンブルク、エルベ川の河口には造船所のクレーンが約束どおり建ち並んでいる。オレンジ色の照明灯、北ドイツ。私はここに来た。

教室の窓からは、校庭越しに竹林が見えていた。木造の校舎は、雨が降ると湿気が木の机に染み入る。空気全体がしっとりと、私語厳禁を支配している。

あの島は何だったろう
彼方に浮かぶあの島は
いったい
わたしにとって

何だったのであろうか

豊饒と倦怠の海を渡り来て
今　わたしは
ひとつぶの
　ちいさな
　　をとこに　　なった

エッセン

西ドイツの重化学工業は、ザール炭田を背景にした一帯に広がる。世界を代表する重工業地帯の中心都市ともいうべき町が、鉄鋼業都市「エッセン」である。

ケルン中央駅から列車で四つ目、思いのほか小さなエッセンに降り立った。同じその列車からこの駅に降りた乗客はいたか、いなかったか。午前十時頃というのに、駅はひっそりと静まり返っていた。工場労働者だけが朝夕に利用するだけの駅なのか、もともとドイツ国鉄の駅は飾り気などないのだが、ホームは狭く、何の色もなかった。

しかし、私の目はすぐに、ホームから見渡せる一群の工場の建物に移っていた。「うん、ここも約束どおりだ」。それらは鉄鋼業の工場の特徴を臆面もなく呈していて、長いスレートの屋根、高い窓、すすけたグレーの建物が連なって見えていた。建物と建物の間には、黒い鉄製の櫓やベルトコンベアの波だ。

私は駅のホームのベンチに腰掛け、きざみタバコを紙に巻くと、唸りを上げて操業しているであろう工場群を眺めながら、しばらく至福の時を過ごした。そして最後に、ホームの駅名「ESSEN」を静かにカメラに収めた。

マリーナ

428066
Frilandsmuseet
(Nationalmuseets 7. afd.)
Fribillet
428066

クリスマスをグリンデルワルトで、正月をツェルマットで過ごした私は、ミラノに向かっていた。ヒッチハイクで山を下り、列車に乗る時刻が遅くなったせいか、イタリアに入る前に車窓はすでに暗かった。

「どこから来たの？」

不意に、私の向かい側の席の女性が話しかけてきた。

「旅をしている。君は？」

「ミラノに帰るところ」

イタリア語なまりの強い英語は、それでもしっかりしていて聞き易かった。

「私はマリーナ」

「僕はケイ。よろしく」

「どこを回ってきたの？」

私は、ロンドンを皮切りに辿ったコースを彼女に説明した。

「もう寒いところはこりごりだよ。物価は高いしさ」

「私もついこの間まで一年間、ロンドンでメイドとして働いていたの」

「ロンドンってさ、食べ物まずいよね。だから中華料理が世界一美味しい都市なんだって。ロンドンの奴らが変な自慢してたよ」

「そーお。私はそんなには思わなかったけど」

会話は続いていたが、列車の動きは遅々として、外はすっかり夜になっていた。

ドモドッソラの駅を前に、車内放送が何か言いはじめた。マリーナは通りかかった車掌をつかまえて何やら訊いている。

「洪水で不通だって」

「ええっ!」

「次の駅でバスに乗り換えよ」

迂回のバスで再び鉄路に戻り、列車がミラノに着いたのは、すでに夜十時半をまわっていた。

「今日はどこに泊まるの」

「ミラノの駅の側に安いペンションがあるらしいんだ。途中ですれ違った日本人に聞いたんだけど」

「ふーん」

安ペンション探しにはマリーナも付き合ってくれたが、それらしきものはさっぱり見つからなかった。

「ねぇ、ちょっと待ってて。友達のアパートに電話するから」

と、マリーナは公衆電話でしばらく何か話し込んでいた。マリーナが私を手招きした。

「今日は私の友達のアパートに一緒に泊まろう。泊めてくれるって」

こうして私たちはラウラのアパートに転がり込んだ。

次の日、マリーナは、仕事が二時半には終わるからミラノの街を案内してあげるよ、と言ってくれていたので、私も彼女と一緒に市街に出、時間をつぶすことにした。ラウラのアパートを出てバスのターミナルに行く途中にＢＡＲがあり、マリーナはそこでカプチーノとパンの朝食をとった。

午後二時半を待ってマリーナと再会した私は、観光というよりミラノの市井に出た。途中からラウラも合流し、三人で市内をぶらついた。彼女ら二人は、修道尼の一行とすれ違うたびに鼻をつまむ素振りをした。

「何をしてるんだよ」

「臭いのよ。ねぇー」

「そんなことしたら気を悪くするよ」

「そらっ、また来た」

という有様である。

三人でバスに乗った。彼女たちは整理券を取らない。

「大丈夫よ。平気！　平気！」

しかし、二、三番目の停留所でチケットコントロールの姿を見留めたらしい。彼女たちの行動は電光石火のごとくだった。バスが停まるか停まらないうちに飛び跳ねるように席を立つと、運転席の横に行き、整理券を引き抜いたのである。私には到底まねのできる芸当ではなかった。

チケットコントロールと彼女たちの激しい、いや、喧噪のやりとりが始まった。

「今、取っただろう」

「忘れていたのよ。一つ前で乗ったばかりなのよ」

「そんな言い訳は通用しないぞ！」

私にはイタリア語はさっぱり理解できなかったが、そんなやりとりに聞こえた。

次は私の番だった。彼女たちは下を向いてしまった。私は、何のこと？　とばかりに旅行者の無知を決め込んだが、チケットコントロールには既にお見通しのことだったらしい。しかし、ここからがイタリアだった。五千リラの罰金だと言われ、車内が騒然としてしまったのだ。乗客は口々に、

「旅行者じゃないか！　知らなかったんだよ」

「そうだ！　そうだ！」

「許してやれよ」

「そうだ！　そうだ！」

と、もうものすごいことになった。私たち三人がバスを降りてからも、バス停には人だかりが出来てしまう有様で、イタリア映画とおんなじだぁ！　私はと言えば、もう夢見心地で喧噪のイタリアを堪能したのだった。

彼女たちはしょげていた。貧乏旅行とはいえ、五千リラはさほどのダ

メージではないので、私としてはイタリアの市井に身を置ける幸せが身体中を支配していたのだ。

「ごめん」

「何でもないよ」

グラッツィエ、マリーナ、ラウラ。

メッシナ

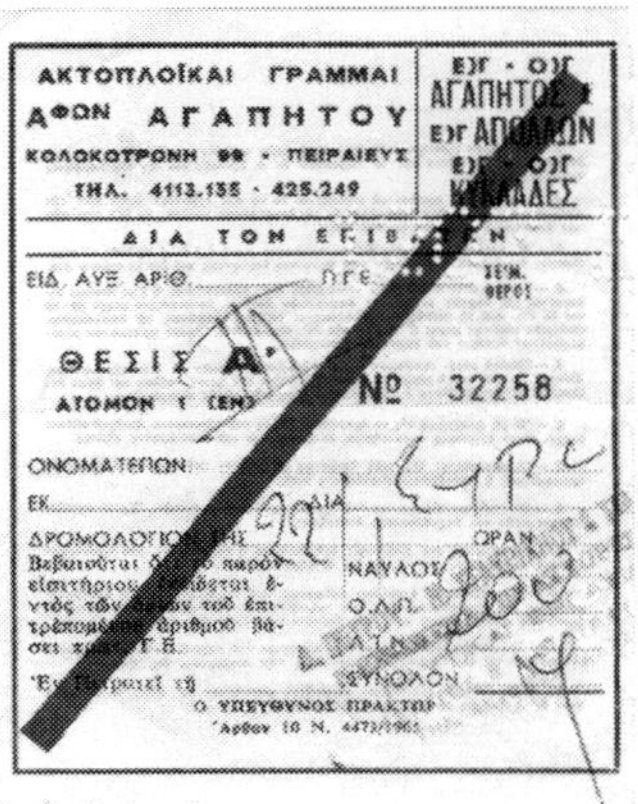
ΑΚΤΟΠΛΟΪΚΑΙ ΓΡΑΜΜΑΙ
ΑΦΩΝ ΑΓΑΠΗΤΟΥ
ΚΟΛΟΚΟΤΡΩΝΗ 99 - ΠΕΙΡΑΙΕΥΣ
ΤΗΛ. 4113.155 - 425.249

ΕΙΓ - ΟΙΓ
ΑΓΑΠΗΤ [redacted]
ΕΙΓ ΑΠ [redacted] ΩΝ
ΕΙ [redacted] ΟΙΓ
[redacted] ΑΔΕΣ

ΔΙΑ ΤΟΝ ΕΠΙΒ [redacted] Ν

ΕΙΔ. ΑΥΞ. ΑΡΙΘ.
ΘΕΣΙΣ Α'
ΑΤΟΜΟΝ 1 (ΕΝ)
№ 32258
ΟΝΟΜΑΤΕΠΩΝ.
ΕΚ
ΔΙΑ
ΔΡΟΜΟΛΟΓΙΟ [redacted]
ΩΡΑΝ
ΝΑΥΛΟΣ
Ο.Λ.Π.
ΣΥΝΟΛΟΝ
Ο ΥΠΕΥΘΥΝΟΣ ΠΡΑΚΤΩΡ

アテネに集まってきた各国の旅人たちは、そこから直接帰国する者を除いては、主に三つの方向に新たな旅に出るようだ。一つは東進しイスタンブールへ、中にはアジアン・ハイウェイを通ってインドやもっと東まで行こうとする者たちもいた。二つ目はユーゴを抜けて西ヨーロッパへ、そして三つ目はカイロである。

私は、イタリア南部のブリンディシからアドリア海を渡り、ペロポネソス半島を巡ってアテネに入っていた。一月を過ごす国としては暖かく、物価も安いのでほっとしていた。

アテネとエーゲ海のとある島で二週間を過ごすうちにも、次々にアテネに入ってくる各国の旅人たちと情報を交換しながら、私は次の行き先を決めかねていた。再び厳寒の北ヨーロッパに戻る気などなかったが、イスタンブールには行ってみたい気持ちは捨て切れなかった。アテネからカイロに渡ると、チュニジアからアルジェリア、モロッコと西進するにも再びアテネに戻らなければならず、無駄な動きだと嘆く向きが一般的だった。間にリビアが挟まるからであった。

私は、アフリカに渡る夢を抱きはじめていた。もう一度イタリアに戻り、長靴の底を通ってメッシナ海峡を渡り、シシリー島のパレルモからチュニスに渡るコースである。程なく私は、ギリシア随一の美味、ライスプディングに別れを告げ、これを実行に移した。

パトラスからブリンディシに戻る船の上で、ひとりのイタリア人女性と知り合いになった。彼女は教師で、学校の休みを利用して旅をしているのだという。彼女もシシリーを目指していて、運良く行程を一緒にすることが出来た。

長靴の底、タラントでの列車の乗り継ぎ時間を利用して、私たちは町に食事に出た。ムール貝のスパゲッティと少々のヴィノ、私のイタリアン・レストランはといえば、スパゲッティだけで満腹になり、レストランのおやじの不機嫌をかうのが常だったが、このときばかりは「通訳」のお陰で、日本人は前菜しか食べないという誤解を解き、思う存分ムール貝のスパゲッティの美味を礼賛した私であった。

タラントからは夜行となった。結構混んでいる。あまり乗り心地が良いとは言えない地方線の車輪の軋みを聞きながら、私は目を閉じ、日本を出る前には考えてもいなかった地をノロノロと歩んでいる自分と、鉄路のトレースを、確かに頭に描いていた。

夜明けの地中海は、ナポリで見たそれとは全く異質のものだった。寄せる波、海の色、明けていく海の新たな一日だ。

渡るはずのなかった海峡に来た。メッシナ。僅かな距離を隔ててそびえるエトナ火山。メッシナ海峡の海は深く、深く、幾分薄味がかった地中海グリーンの水が、渡し船のスクリューでかき回される。泡の白を何のためらいもなく受け入れて、美しいエメラルドグリーンに変わるのだった。

ペールギュント「朝」

グリークのペールギュント組曲「朝」を聴くと、私には決まって同じ情景が浮かぶ。それがいつの頃からだったかは覚えていないが、多分、中学か高校の音楽の時間に初めてそれを聴いた時からだと考えている。

私の「朝」は、白い壁の家、海——多分、地中海——それも北アフリカの地中海沿岸でなければならぬ。私は、シシリーのパレルモから船でチュニスに渡ることにした。アフリカ……、初めて見る大陸に畏怖の念を抱きながら。

一夜明けて見るアフリカ大陸は、前方に淡く霞みながらあった。私の心は不思議とざわつかない。淡々としているのはなぜだ。

船上で二人の日本人と出会った。宮崎氏は単独でキリマンジャロに登りに行くという。もう一人、ひげの北村氏は、自転車でヨーロッパを走破した後であった。強者二人と私は、アルジェまで旅程を共にすることになる。

桟橋を渡り、私はアフリカ大陸に一歩をしるした。私たちは、チュニスの住宅街にあるユースホステルに投宿しながら、数日を市内で過ごした。

裏路地を歩くと、子供たちが「中国人、中国人」と叫びながら石つぶての歓迎だ。これにはまったく閉口したが、彼らを追い払う特効薬もすぐに手に入った。それはカンフーや空手の真似である。私たちが少しでもそんな素振りをしようものなら、子供たちは蜘蛛の子を散らすように、「ブルース・リー、ブルース・リー」と言いながら逃げていってしまうのだった。

公園では私がスターであっただろうか。三人で散策していると、日本でいえば高校生くらいのカップルが声を掛けてくれた。女性の方曰く、がっしりした強面《こわもて》の宮崎氏とひげの北村氏はアリババであり、私はハンニバルだそうな。ハンニバル将軍がどのような外見だったのか私にはさっぱり想像がつかなかったが、歴史上の英雄にたとえられて悪い気持ちがするはずもない。強者二人のポカンとした顔を見て、私は思わず吹き出してしまった。私たち三人は、まぎれもなく、カルタゴとアラビアンナイトが飛翔する北アフリカにいるのである。

サイーダ

سيدي امحمد بن سيدي بوبكر العلاوي
من
الى
التاريخ
الساعة
البضاعة
№ 020149
عدد الكولبات
ميزان
FEV.

チュニスを後にした私たちは、国境の町までバスで行くと、歩いてアルジェリア国境を目指した。スキクダという町に日本のプラント工場があり、宮崎氏の親戚がそこで働いている関係で、従業員の寮に泊めてもらえるというのだ。

国境までの山道は約三キロ。初めて歩いて国境を越える興味に、重い荷物も苦にならない。チュニジア側のイミグレーションはいたって簡単。もっとも出ていく方だからだが。アルジェリア側の小さな建物に入った。日本でいえば、交番プラス有人踏切の遮断機といった感じであった。モスグリーンの制服を着たコントロールが一人座っている。歩いてやってきた東洋人三人はさぞかし珍客であろうと思ったが、別に驚いた様子もない。何だかんだのやりとりの末、北村氏が持っていた日の丸の扇子一本でやっと通関となった。

スキクダは地中海沿岸にあった。南とはいえ、一月の地中海は、曇ると波は荒かった。東洋エンジニアリングのスキクダ工場の寮は、涙が出るほどありがたかった。何か月ぶりかの日本食をご馳走になり、洗濯もさせていただき、鋭気を養った。日本の家族からの仕送りだろうか、インスタントラーメンの箱が目に付いたが、さすがにこれは遠慮して諦めた。

アルジェまでの道程は天候に恵まれ、爽快だった。道端のオレンジで渇きを癒しながら、徒歩とヒッチハイクの旅となった。道は遥かに真っすぐで、空は完璧な単色だった。私は真っ青な空に向けて、撮れるはずのないシャッターを切った。

私たちはアルジェに入った。アルジェでは、市の中心から程ない安ホテルにやっと空室を見つけることが出来たが、市内のこのような安ホテルは、地方から上京してきた人たちでどこもたいへんな混み様であった。三人は別々に行動していた。私は毎日グランポストまで出かけ、家族と友人にこの一か月間の不通を詫びていた。

ある日、北村氏が、瞳のきらきらした青年を連れてきた。サイーダだった。彼とのその後の数日間は、一風変わった旅を私に味わわせてくれることになる。それは、私がこの旅で辿ってきた国々のいずれにもなかった、社会主義国家という主張の顔でもあったか、はたまたイスラムという宗教上の重きによるものであったのかもしれない。

サイーダは、イスラムの教えに従って平和活動を行っているのだと言っていたが、本当のところ学生なのか働いているのかなどを含め、彼の素性は私にはさっぱり分からなかった。私が全く迂闊にも、日本人らしい無神経さで胸元から覗かせていた銀製のネックレスがダビデの盾だったことを鋭く見とがめて、たしなめてくれたときにも、

「気を付けた方がいいよ」

と、彼は一言そう発しただけだった。

彼が学生だと言うとき、アルジェ大学の学食に連れていってもらえる

のが何よりだった。私たちが欠食児童のように「アンコール」を連発する度に、サイーダは大笑いしていた。

「週末はどうするんだい」

彼が言った。

「フットボールの試合はないかな?」

私は旅行中、週末にフットボールの試合を観られる都市に滞在しているときは、決まって試合を観に行くことにしていた。アルジェリア国内の試合ということで、多少興味が薄いのは分かっていたが。

「フットボールか。軍とどこかの試合でもあるかな。よし、調べてくるよ。ちょっと待ってて」

サイーダは学食を出ていった。しばらくして、

「あったよ、あった。やっぱり軍の試合だ」

彼は笑いながら戻ってきて、そう言った。宮崎氏と北村氏はあまり気

乗りしない様子であったが、フットボールに付き合うことになった。

週が明けると、私たち三人もそれぞれの旅支度を始める時が来ていた。宮崎氏はキリマンジャロへ、北村氏はパリへ、私はモロッコへ次の目的地を決めていた。サイーダが、私のモロッコ行きに関して、ある情報を持ってきた。モロッコでコレラが発生したらしい、入国にはコレラと天然痘の予防接種が必要だというのだ。困ったことに、私はその両方とも受けていなかった。

「病院に連れていってあげるよ」

こともなげにサイーダが言うので、私は面食らった。

「だって……」

「大丈夫。この国は全部タダさ」

そう言うと彼は、私にウインクして見せた。

彼に従って国立病院に行くと、手続きはすべて彼がしてくれた。私はこの日にアルジェを発つ予定でいたので、後にも先にもこんな経験はないだろうと思われるような、とんでもない予防接種の体験となった。

それは、通常一週間の間隔をおいて二回実施するコレラの予防接種を、二回分まとめて右腕に、さらに天然痘のそれを左腕に、一度に接種するというものであった。健康な者でも、一度にそんなことをされたら逆に発病してしまうのではないか。ましてや日本を発って四か月を超えた貧乏旅行の身にはなおさらだ。「クレイジーだよ」と声に出そうとしたが、出ない。手続きは次々に進んだ。

サイーダと共に街に帰った私は、出発を明日に延ばすことにした。既に昼をまわっていたし、どことなくコレラと天然痘に罹ったみたいで気が進まなかったのである。しかし、ホテルがない。一週間ほど逗留していた安ホテルは今朝方引き払ってしまったし、市内はどこも混んでいる。

「友達になったレストランのおやじに頼んでみるよ」

突然、宮崎氏が言い出した。いつの間に懇ろになったのか、が、まあしかし、泊めてくれるところまでの関係は無理なように思われた。ところが、夕方に宮崎氏と再会すると、レストランの主人はＯＫだという。

「店を閉めた後、店に泊まるんだったらいいってさ」

アルジェ最後の夜、宮崎氏と北村氏とお互いの旅の無事を祈り、サイーダには本当に世話になった礼と別れの挨拶を告げた私は、暗いレストランの床で、再び一人に戻った。

レストランとはいっても、カウンターと椅子、テーブルが四、五組ばかりの小さな店だった。閉店後の店内は、椅子はすべて跳ね上げられ、冷たい石の床がむき出しになっていた。私は床に新聞紙を敷き、数枚の新聞紙を身体に掛けて横になった。石の硬い冷たさが伝わってくる。私は、コレラと天然痘を抱えて、アルジェリアの、とあるレストランの床に転がっている自分の姿を思い、なかなか寝付くことが出来なかった。

a été vacciné(e) ou revacciné(e) contre la variole à la date indiquée ci-dessous, avec un vaccin lyophilisé ou liquide certifié conforme aux normes recommandées par l'Organisation Mondiale de la Santé.
has on the date indicated been vaccinated or revaccinated against smallpox with a freeze-dried or liquid vaccine certified to fulfil the recommended requirements of the World Health Organization.

Date	Indiquer par « X » s'il s'agit de : Show by «X» whether	Signature et titre du vaccinateur Signature and professional status of vaccinator	Origine du vaccin et numéro du lot Origin and batch no of vaccine	Cachet d'authentification Approved stamp	
Ia	Primo-vaccination effectuée Primary vaccination performed	No		Ia	Ib
Ib	Prise Read as successful. Pas de prise Unsuccessful.	No			

1	Revaccination	No		2	3
3	Revaccination	No	2 40 lot 03 77		
4 11 FEV. 1978	Revaccination	No			5
5	Revaccination	No			

La validité de ce certificat couvre une période de trois ans commençant huit jours après la date de la primovaccination effectuée avec succès (prise) ou, dans le cas d'une revaccination, le jour de cette revaccination.
Le cachet d'authentification doit être conforme au modèle prescrit par l'administration sanitaire du territoire où la vaccination est effectuée.
Toute correction ou rature sur le certificat ou l'omission d'une quelconque des mentions qu'il comporte peut affecter sa validité
The validity of this certificate shall extend for a period of three years, beginning eight days after the date of a successful primary vaccination or, in the event a revaccination, on the date of that revaccination.
The approved stamp mentioned above must be in a form prescribed by the health administration of the territory in which the vaccination is performed.
Any amendment of this certificate, or erasure, or failure to complete any part of it may render it invalid.

北緯

私がストックホルムを目指すことにしたのは、北緯への憧れがあったからなのかもしれない。ストックホルムという都市の名前が、随分前から心地よい響きで体内にあったせいもあろう。

インバネスで北緯五七度は記録していたから、それ以北に行きたかった。出来れば六〇度を越えてみたいものと思った。ストックホルムは北緯五九度を越えているので、もう少し足を伸ばせば届くのであった。

しかし、実は、コペンハーゲンまでやって来てせっかくだから、という欲が出たのが本当のところであった。旅の格好や仕度の具合からいって、これ以上北にはとても行けそうにないのだから。

私は、とにかく自分を納得させるように、ストックホルムに足跡をしるすため夜行列車に乗り込んだ。HelsingørからHelsingborgまで、列車をそのまま渡し船に乗せる方式のフェリーで暗い海峡を渡る。昼間であれば、それも夏の間は、爽やかな北の海の景色を楽しもうという気にもなるのだろうが、厳寒の風の音が夜の闇をいっそう深い闇に変えるようで、不気味だった。

この時間、この渡しで働いている人たちはきっと無口なのだろうと、いつかどこかで見たような気がする映画の一シーンに重ねて、男は紺の上着にタートルネックの厚手のセーターだ、同色の帽子をかぶり、髭面でくわえ煙草の男がものも言わずロープをたぐっている、そんな姿を勝手に想像しながら、船縁に響くゴンゴンという不気味な音が暗い海へ吸い込まれていくのを聞いている私であった。

翌朝八時四四分、ストックホルム中央駅に降り立った。旧市街地のガムラスタンまで歩いて出る。ガイドブックに載っている観光名所とはいえ、旧市街

地の石畳には開いているカフェとてなかった。

風が冷たく、強く、真横から容赦なく吹きつけてくる。その風に乗って、雪が顔面を刺すようにたたく。私は両手をポケットに深く突っ込みながら、うつむき加減に狭い路地を進んだ。

港が見えるところに出た。寒い。自分はここに何をしに来たのだろうという考えが頭をよぎる。寒さが思考を分断し、自問する言葉さえ短くなる。私はとにかく、風と雪を避けるため、港を一望できる展望台の建物の中に入った。

海の上に降る雪は、まるで断絶のカーテンのように、その向こうにある、例えばこの地の人々が待ちこがれているであろう春の交流を、今は諦めさせるのに十分ではないか。この季節は、よそ者はここに足を踏み入れてはいけないのかもしれない。何をしに来たのだろう。また短く自問がよぎる。

しばらくそんなことを考えていたが、そろそろ今夜の宿を決めなければならない時刻であった。何しろこの季節の昼の短さといったら、午後三時を過ぎると、およそもう夜の支配である。

中央駅近くのカフェで遅い昼食を取りながら、しかし、ついに私の手が電話に伸びることはなかった。アクアビットの一杯でも飲めば、多少は身体も暖まり、気持ちに余裕も出てきたのかもしれない。それよりも、先程からカフェの客の視線が気になる私であった。

北国の、いつもの寒いこの季節ともなると、人々は厚手のコートに身を隠し、心を抱くように過ごすのだが、その実、コートの下では密かに開放的になる。ポケットに手を突っ込み、白い息を吐きながら背を丸めて、いつもの店明かりの前を過ぎるときなど、その人の抱いている心が愛おしく透けて見えるのだ。

北国の人は我慢強いとか粘りがあるとよく言われるが、それは、例えば降りしきる雪の道を、文句も言わず黙々と歩くというシーンを想像し、言われていることでもあるのだろうが、実は、それは少し違うのだ。彼らは、その道をなぜ歩かなければならないのかという理由を、よく識っているからなのだ。

温かい紅茶のカップを掌に包みながら、私は、店の外の通りを行き交う人々を見ながら、ぼーっとそんなことを考えていた。やはり、他の客の視線が気になる。私の方を見てはニヤニヤしながら、ひそひそと何やら話しているようだ。この季節、この場所は、彼らのものだ。私はついに、この北の都の何ものにも触れることなく、ストックホルムを去った。

昨夜と同じ夜行の車中には、私の他には三、四名の客がいるだけだったが、いずれも寒さに抗する術のように身を丸くし、無口だった。車掌が検札に回ってきた。昨夜と同じ、いや、いつもと同じ、無言の動作があるだけだった。

モロッコ

アルジェからの旅程は相変わらずヒッチハイクが中心で、その日にどこまで西進できるやら見当もつかないものであった。アルジェリアの人たちは、外国人のヒッチハイカーにもいたって好意的で、私がたまたまその幸運に浴しただけなのかもしれないが、車に乗せてくれたうえに家まで案内してくれ、干し棗の実を山ほど持って行けと言われたこともあった。

「おい、日本人じゃないか」

私の傍らを通り過ぎた車が急に停まり、ドアの窓から突きだした顔がそう言った。こんなところで日本語とは驚いたが、近くで電線の敷設工事を請け負っている日本企業から派遣されているのだという。私は、またしても日本企業の宿舎に厄介になることになった。

私が、

「こんなところで日本語を聞けるとは、驚きましたよ」

と言うと、

「何言ってんだよ。こんなところに俺たち以外の日本人が、大きなリュックを背負ってひょこひょこ歩いていることの方がオドロキだよ」

と切り返された。

宿舎といっても、その町で最高級のホテルを社宅代わりに使うしかないらしく、最高級とはいえ、これほどの田舎町に複数のホテルがあるとはとても思えないから、彼らの説明が自嘲気味なのも頷けるところではあった。

私のアルジェリア行は、日本企業の宿舎でいただく夢のような日本食と、アルジェ大学の学食メニューで救われていたが、今度の幸運による貧乏旅行の救済は、実はそれだけではなかった。「ディナールで給料貰ったってしょうがねえよ」と、私に小遣銭をくれるというのである。

こちらに進出している日本企業の中には、三つの給料の支払い方があるというのだ。一つは給料は全額、日本円で日本の口座に振り込まれるもの、二つ目はその逆で、全額、現地通貨で現地にて支払われるもの、そして三つ目はその折衷方法である。

彼らの会社の方法は二つ目らしく、私もアルジェリアの通貨は外貨に交換できないのは知っていたので、日本の給与水準そのままに現地通貨で支給されたら、毎日最高級ホテルに泊まっても、使い切れるものでないことは分かった。また、他に使い途があればよいのだが、田舎町ではそれもないのであった。私は、あと一、二日でモロッコに抜けるので、とても使い切れないからと多額は断ったが、何にせよ望むべくもない援助には違いなかった。

ムルソーはなぜ、虚無の四発の銃弾を浴びせたのか、そんなことを考えないでもなかったが、アルジェでついに海岸に行かなかったことを思いながら、『ペスト』の舞台だとどこかで読んだ、オランに来た。貰ったディナールを使い切ってから出国しないと無駄になると思い、薄汚れた旅格好には不似合いな高級ホテルに泊まり、ベルボーイが目を丸くするようなチップをやった私であったが、正直もう使い途がないのである。オランに何日か滞在する手もないではなかったが、そんなことをしていたら、アフリカから西欧に戻るのがいつになるやら、帰国の目途もたたなくなってしまうのであった。「彼の灼熱の太陽は、きっと夏に輝くのだ」と、街灯のひとつもない真っ暗な深夜のオランの街をさまよい歩くことによって、半ば逃避している自分を感じていた。

トレムセンでも私には分不相応な高級ホテルに一泊した後、私はモロッコに入った。アルジェリアで、幸運にも幾人かの親切に甘えてきた私にとって、モロッコは、再び厳然たる一人旅に戻らなければならない国であったが、私は迂闊にも、それに気付くのが遅かったようだ。

国境の検問を抜けると、もう既に夕闇が迫っていたが、私はいつものようにヒッチハイクで最寄りのウジダの町に到達すべく、気軽に考えていた。ところが、モロッコ側の事情は全く違っていた。国境のイミグレーションからウジダへ向かう車はほとんどなく、たまにあってもそれは、現地の人々の相乗りと、その荷物で、どれも満員ぎゅうぎゅうであった。

辺りが暗くなってきた。さすがに私も困ってしまっていたところに、イミグレーションの役人が、こんなところにいるべくもない小柄な異国人を見るに見かねたのか、とある一台の車を見つけてきて、私をウジダの町まで乗せていってやれと交渉してくれたのである。

車の持ち主とその同乗者は、あまり歓迎してくれている様子ではなかった。これまでの彼らの人生において、まるで初めての異国人に出会ったかのように、普通ならヒッチハイカーの側が当然そうであるように、私に対する警戒を解いていなかった。彼らにとってはいつもの夕暮れで、いつもの帰宅風景なのかもしれない。そんな彼らの日常に闖入した東洋人を、狭い車内に招き入れるのだから、無理からぬところなのだろうが。今し方越えてきた国境の向こう側の人々との違いは、私を惑わせた。私は片言のフランス語で挨拶したのだが、彼らからの返答はなかった。重苦しく気まずい空気が車内を満たしていた。

ウジダの町に入った私は、ともかくもモロッコの第一夜の宿にありつけたのであった。

私のモロッコ行は、北斗七星の柄杓の形のように巡ることに決めていた。フェズからアトラスを越えてアルラシディア、そこから西進してウァルザザート、そして再びアトラスを越えてマラケシュへと巡る行程だ。アルラシディアやウァルザザートまで行くと、あのサハラ砂漠の北辺までであと僅かなのだが、私は、砂漠の光景をこの目で見たい欲求を抑えながら、北サハラの赤茶けた岩石砂漠の光景で、自らを満足させていた。

これらの都市間の移動手段は、ＣＴＭ（国営モロッコ交通）のオンボロバスで、どの都市間も、どうしてか分からないが八時間、朝出発して夕方に着く、という具合だった。大きな荷物は全てバスの屋根の上に積み上げて、ロープで縛り付ける。私のリュックも当然同じ目にあったのだが、途中で出会ったアメリカ人の旅人からのアドバイスで、自分の荷物が確かに屋根の上に上げられ、縛り付けられるかどうか、最後まで見届けることは怠りなかった。

バスは、途中途中で小さな町に立ち寄っては、長めの休憩を取る。バスの周りには水売りや物売りが押し寄せるように取り巻き、乗客たちはそれぞれに、のどの渇きを癒したり、カバブの食事を取ったりするのであった。

私にとっては、それらのバスストップは、いつもオレンジを買い求めるためだけにあった。のどを潤おすのに、よそ者にとって水は禁物である。水の代わりにオレンジなのである。車窓に繰り返される、何の変化もない乾いた風景を見ながら、私は時々、オレンジの皮を剝いた。夕日が岩石砂漠の乾ききった大地を真っ赤に染め上げる頃、バスは終点に着く。その後に訪れる静謐の闇に支配される前に、真っ赤な大地が、確かに今日一日の生存を認める唯一の証であるかのように、人々には帰り着くべきゲートなのだ。

私は、通りの角の飲食店の二階に宿を取った。店明かりは裸電球のそれだ。薄赤く、ほの暗いが、その場所こそが町の盛り場であることを宣言するかのように、煌々と灯るのだった。男どもはどこからともなく集まってくるのだが、店明かりにその白褐色の肌をまかせるのみで、夜はただ静かにあった。

マラケシュのCTMの車庫でバスを降りると、そこはジェマア・エル・フナ広場の一角にあった。その日の安宿はどこにしようかと歩きだしたとき、別の町から来たバスが一台、ちょうど着いたところらしく、車庫から数人の客が出て来るところだった。アメリカ人らしい若い男の二人連れが何やら口喧嘩をしている。どうやら共通の荷物をどちらが持つかで揉めているらしかった。

「何でオレがいつも持たなきゃならないんだ。さっきも持ったじゃないか」

「昨日はオレが持ったじゃないか」

アランとクレッグだった。

彼らは、自分たちの方をきょとんと見ている私に気付いたのか、「やあ」と照れくさそうに微笑みかけてきた。どうやら助け船になったかな、と私は思った。

アランとクレッグは、安宿の情報を既に仕入れていて、ジェマア・エル・フナ広場からほんの一、二分のところに「プリンス」というホテルがあるとのことだった。私たちは連れだって、ホテル「プリンス」を探すことにしたが、

「確かあの道だと聞いているんだが」

と、アランが指差した道に、既に「プリンス」の看板が見えていた。私たちは、広場からこんなに近くに安宿があるとはラッキーだ、と口々に言いながら、部屋代をシェアすることを、何のためらいもなく決めていたのである。

部屋はパティオに面した二階の一辺にあり、何の飾り気もないのだが、こざっぱりしていて、パティオに面して窓が大きく開かれており、気持ちよかった。寝具はツインベッドにエキストラベッドが一つ入った、三人用にしつらえられていたが、アメリカ人の二人は、部屋に入るなり

「オゥ」と困ったような声を上げた。私はすかさず、

「君たちはそっちの大きなベッドを使ったらいいよ。俺はチビだから、これで十分さ」

と、エキストラベッドにさっさと自分の荷を解いた。

「ありがとう。じゃあ、そうさせてもらうか」と、二人は安堵したようだったが、実際、大柄な彼らには、エキストラベッドでは小さ過ぎたし、私の方は全く問題ない選択であった。また、さっきのような口喧嘩が始まったのでは、何泊か一緒の部屋で過ごすことになりそうな仲間うちでは、居心地が悪いというものだった。私たちは、このホテルに三泊することを申し合わせて、翌日の行動だけ一緒にすることに決め、お互いのこれまでの旅程を紹介し合ったのだった。

私が日本を発ってから四か月になる、と言うと、二人は目を丸くして、「なに、四か月も一人で旅をしているのか」と、信じられないという様子だったが、

「いつも一人っていう訳じゃないよ。実際こうやって出会った旅仲間と、数日間一緒っていうこともあったしさ」

と言うと、なるほどというように頷いた。

翌日、私たちは、ジェマア・エル・フナ広場を隅から隅まで廻り、その完璧な異文化の驚きと熱気に身を浸し、メディナの迷路に「オゥ・マイ・ゴッド」を連発した。私は、亀の甲羅を共鳴部分に使った弦楽器を買うことにした。これから先の旅程に多少邪魔になる長さではあったが、マラケシュは私たちをとっくに魅了していたのである。

城壁の外を歩いていたときのことだ。子供たちが、いや数人の大人たちまで、「中国人、中国人」と、私をからかうように、小声で、あるいは呟くように繰り返すので、私は例によってカンフーの一振りを演じることになるのだが、どうやらアランとクレッグには、それが理解出来ないらしかった。

「彼らは何と言ってくるのだ」

と、私に訊ねた。

「やぁい、中国人、中国人って、私をからかうように言ってくるんだよ」

「だって君は日本人じゃないか。なぜそんなことを言うのか」

と、不思議そうに訊いてくるのだった。

そう言われると、チュニジアでもそうだったのだが、モロッコでも同じ歓迎にあっている訳で、あらためてなぜと問われると、私にも彼らがなぜそのようなことを言うのか、はっきりしたところは説明できる訳ではなかった。

「彼らにとっては、日本人も中国人も区別がつかないよ。アジア人は全部同じに見えるんじゃない。君たちだって分かんないだろう」

「まあ、そうだな。日本人はちょっと違うように見えるけど」

「実はさ、俺のＩＤカード、ローマで作ったんだけど、俺は自分の写真を持ってなかったから、ユースホステルで会った別の日本人の写真を借りて出したんだ。それで一発さ」

「えーっ」

「俺たちも、君たち欧米の人が何人かっていうことは、はっきりは分からないけど。でも、君たちがアジア人を見るよりは、俺たちが欧米人を見る方が分かると思うよ」

「そうだな」

「彼らには、中国人に対する偏見があるようだよ。はっきりしたことは分からないけど。一方でブルース・リーのことは神様みたいに思っているみたいで、これは映画の影響なんだろうけどさ、俺みたいな全くの素人でも、ちょっとでも空手やカンフーの真似ごとをしただけで、ああやってみな逃げちゃうのさ。まあ、ここじゃ不都合な者を追い払う特効薬として重宝してるよ」

アランとクレッグは、まだ怪訝な顔をしていたが、私が歩きながら、友人に習ったことのある少林寺拳法の蹴りの真似をするものだから、

「おい、あまりしない方がいいよ」

とのことではあった。

アランとクレッグは同じ高校時分からの友人同士で、今は別々の大学に通っているらしかったが、お互いの休みを利用して、二人で旅をしているのだという。気さくに話しかけてくる、ちょっと髪の薄いクレッグに対し、髭面のアランの方は、口数は多くないがしっかり者のように見えた。

三人のそぞろ歩きも、それぞれのペースになり、お互いに黙ってマラケシュを心に刻んでいるかのようだった。アランが話しかけてきた。

「クレッグのやつさ、調子のいいこと言っているけど、荷物は持とうと

しないし、ほんとに頭にくるよ」

「でも、友達なんだろ」

「ああ」

一人旅も確かに大変だけど、二人というのもなかなか難しいのだと、私は思った。

翌日、その次の日と私は、メディナの奥深くまで入り込んでは、多分消しがたい恐怖感からくるのだろう、言いしれぬ興奮に包まれて過ごしていた。ジェマア・エル・フナ広場に戻っても、メディナで買った亀の甲羅の楽器のお陰で、私の心はすっかり買い物付いていた。アフリカを離れる前に、何かアフリカらしい物を数点買い求めておきたかったのだ。しかし何もかもが珍しく、しかも安いのだが、あと何日のモロッコ滞在になるかということは、ひとえに残りのディラハムとの相談であり、とても買い物に回せるだけの余裕はないのであった。

私は、ホテルの若い従業員たちが、私の着ている赤のエナメルのジャンパーに羨望の眼差しを送っていることを知っていた。ジェマア・エル・フナ広場の売り子たちも同じだった。

そのジャンパーは、ロンドンのスーパーマーケットのバーゲンで買い求めた安物であったが、ケンジントン・ガーデンの気位の高い紅葉とサンデーマーケットを歩き、スコットランドのトレーラーに乗り、厳寒の北ヨーロッパでは、持ち主の投資額の貧困さにもかかわらず何とか私を凍死させずに守ってくれた相棒であった。ドイツを旅し、スイス・アルプスを越えてイタリアを南下し、アドリア海を渡り、ペロポネソス半島を巡り、オリンピアの競技場では私と一緒に古代オリンピックの百メートルコースを走った英雄であった。エーゲ海の輝きと白い壁の家の前を過ぎ、ライスプディングの得も言われぬ甘さに舌鼓を打ち、メッシナを渡り、シシリーからアフリカまで共に旅をしてきたラッキーなやつでもあった。

私は、ホテルの若い従業員に、このジャンパーだったらいくらで売れると思うか訊ねた。その若いボーイは、自分に金があったら買うのにと、しきりに悔しがっていたが、どうやら私が欲しかったモロッコの服と交換できそうな具合であった。今後の季節と行程を考えると、防寒着はなくても、何とか過ごせそうだと踏んだのである。私はこうして、エナメルの一部剝げたジャンパーと電気カミソリを放出して、ジュラバ二着を手に入れたのであった。

マラケシュ最後の夜、私がホテルの部屋に戻ると、アランとクレッグがまた一悶着起こしている様子だった。

「こいつには付き合いきれないよ」

と、アラン。

「一か月に一度、こうするのがいいことなんだ」

クレッグがそう言ったが、私には何のことやらさっぱり分からなかった。

「こいつ、ベジタリアンなんだよ。何でこんなことしなきゃならないのか、さっぱりだね」

「一か月に一度、朝からレモン水だけしか摂っちゃいけないんだ。そうすると身体の中から不純な物が消えて、リフレッシュする。夜になってその日最後の水を飲むとき、ニンジンを柔らかく煮たものと一緒に摂るのさ。そうすると最高」

私は、ベジタリアンという言葉は聞いたことがあったが、その時までベジタリアンに会ったことはなかったので、クレッグの行為そのものよりは、実物のベジタリアンが目の前にいることの方に驚いていた。

「へぇー。俺、肉の方が好きかな」

私にはその後が継げなかったが、アランが「それみろ」と言いたげな顔だったので、私が部屋に帰ってきたことで、どうやらその場も収まったようだった。

私は、フェズのユースホステルで座禅を組んでいた、若いアメリカ人のことを思い出していた。

「日本人はいつも瞑想することが出来る。いつも考えている。これはすごいことだ。俺たちアメリカ人は、経済とか何とか、目先のことばかり考えて、いつも喋って動き回っている。こうやって考えることを知らない」

私は生まれてそれまで、座禅などと言う高尚なものには、小学校六年生の林間学校の時に、新聞社の取材があるからとかり出されて、座禅堂で汗みどろになった経験しかなかったので、あまり偉そうなことは言えなかったが、彼の言うことには少々くすぐったさを覚えながらも、分からない訳ではなかった。モロッコで私が出会った異文化は、一つだけではなかったのである。

翌朝、フェズに向かうというアランとクレッグに別れを告げ、私は、ポケットのディラハムにせき立てられるように、アフリカを抜けるため、カサブランカを経由して一気にジブラルタルを目指すことにした。出来ることならカサブランカにも二、三日留まりたい気持ちもあったが、背に腹は代えられなかった。例によってＣＴＭのバスでカサブランカまで行き、夜行バスでもあればその日のうちに乗り継いで、スペイン領のセウタまで行くという、少々無茶なことを考えていた。

ところが、いよいよアフリカも最後の日になろうかというその前夜、私は体の変調に気付いていた。夜中から激しい下痢で、少しの水分も受け付けないのだ。朝になっても症状が良くならなければ、出発も危ぶまれるような最悪の体調であった。アフリカに渡ってから、あれほど気を付けてきたのに、と自分の甘さを責めてはみたが、何が原因でそうなったのか、覚えがなかった。

幸いなことに朝になると、激しかった下痢の症状も小康状態というところだったが、胃は相変わらず何も受け付けようとはしなかった。これから長時間バスに乗ることを考えると、水分も控えた方がよさそうだったし、私は、思いきってこの一日、何も口にしないことに決め、バスの座席に身を埋めたのであった。

途中の水売りの声をおぼろげにやり過ごしながら、私は何とかカサブランカまで行程を進めた。バスを降りようとステップから地面に足を下ろした時だった。私は不意によろめいた。ひざが言うことをきかない。真っ直ぐに歩こうとするのだが、足許がふらついて、危うく転びそうになってしまったのである。まいった。五か月間の無茶は、この一日の絶食を許してくれなかったようだ。

カサブランカからセウタまでの夜行バスは、その日はもうなかった。私は、もしその日のうちに乗り継げないときは、バスの車庫にでも泊めてもらうつもりでいたので、翌日のバスの出発時刻を確認しがてら、バスターミナルに行ってみることにした。

私は、今日のバスは本当に一本もないのか、念のため訊いてみたが、やはり答えは「ノン」だった。車庫の中で、翌日のどこ行きだろう、バスが一台整備を受けているのが見えた。どこかで一夜を明かせるところはないかと車庫を覗き込もうとした時、強烈な重油の臭いが私の鼻を突いた。今度は激しい吐き気が私を襲った。空っぽの胃からは吐き出すものなど何もなかったが、私は思わず口を覆った。

これは泊まるどころではなかった。私は急いでその場を離れ、道端のコンクリートの段差に腰を下ろすと、しばらくの間、深呼吸をしながら、あの嫌な重油の臭いを鼻先から必死で追い払った。

カサブランカは、さすがに大きな都市だった。私は、冬に巡ってきたヨーロッパの都市のようなこの街の真ん中を、とぼとぼと歩きながら、今夜の宿のことを、いや、宿といっても建物である必要はなかったのだが、考えていた。私はもう、落ち着きを取り戻していた。

「どうかしたの?」

不意に後ろから声がした。造園技術の指導に派遣されているのだと、その日本人の男性は笑いながら言った。

キャロット

Automóviles Portillo, S. A.
MALAGA
Billete n.º
N.º de bultos
Los señores viajeros son responsables del contenido.

セビリアからリスボンまでは、国境越えのバスだ。この方法はなかなかポピュラーらしい。幾人かは外国からの旅人らしき者の顔も見えるが、商用らしい客の方が目立つくらいだ。最後部の席に女三人、男一人の、一見してアメリカ人と分かる若者のグループが、例によってはしゃいでいた。私はその一列前に席を取った。

セビリアからポルトガル国境へ向かう道は、マラガ、グラナダ、コルドバと巡ったアンダルシアの田舎風景とは、もう趣を異にしていた。アンダルシアのそれは、草緑色の屋根瓦に白い壁のコントラストの集落が、バス停のある途中の村々に繰り返され、私が冬に辿ってきた赤茶色の屋根が続く中北ヨーロッパの色合いとは全く異質のものだった。私はその時初めて、秋田の屋根並みを世界一美しいと絶賛したとされる建築家の巨匠、ブルーノ・タウトの思いが分かったような気がしたものだ。

国境のパスポート・コントロールは、いたって簡単であった。ポルトガルに入ってしばらく行くうちに、私の後ろの陽気なアメリカ人たちの会話がおもしろくなってきた。

「キャロットよ」

「カロットでしょ」

「いや、キャロットじゃない。やっぱし」

どうやら「キャロット」の発音論争らしい。

「もう一回言ってみて」

「カロット」

「どこの州だよ。そんなの」

「えー、言わないの」

「言わないわよ。ねぇ。絶対キャロットよ」

後で分かったことなのだが、四人はセビリアのスペイン語学校に短期留学している仲間で、それぞれアメリカの別々の州から来ているのであった。

突然、一人が私の肩をたたいた。

「ねぇ、キャロットってあなたはどう言うの」

私は当惑した。今風に言えば「おマエら何もんだよ！」である。日本人の私に訊くのだから、答えは「にんじん」である。私は、

「ＮＩＮＪＩＮ」

と答えた。すると四人は大笑いしながら、

「違うよ、違う。英語でだよ」

私は、しょうがないなぁと思いながら、

「キャロット」

と答え直したのである。キャロット派の三人は、

「そらごらん。やっぱりキャロットなんだよ」

と、勝ち誇ったように言ったかと思うと、カロットの一人も、

「やっぱりそうなのかなぁ」

と納得する始末。私はこの時から、アメリカ人のことを親しみを込めて形容するときには、『愛すべき』という定冠詞を付けて呼ぶことにしている。

キャロットのお陰で、私たちはその後、旅程を共にすることになった。女三人、男二人の五人組である。貧乏旅行の私にとって部屋代をシェアできることは正直言ってありがたかったし、彼らにとってもそれは同じだったであろう。メアリーとアンとルイサ、それにマーク、ただし、大柄なマークとひとつのベッドを数日間共にすることは少々辛かったが……。

私たちはリスボンの街を、ビートルズのナンバーを合唱しながらぞぞろ歩いた。私にとっては、長い一人旅の途中、途中でいく人かの道連れと旅程を共にすることがあったが、リスボンでのそれは、私自身がアメリカに留学したかのような錯覚を覚えさせる、思いがけず甘美な体験となった。

ホワッツ・ニュー

SERVICIO ALGECIRAS
Automóviles PORTILLO, S.A.
Calle Córdoba, 7 — Teléfono 22 73 00 — MALAGA
Billetes de.......Clase
Nº 074214
De ALGECIRAS
PARA EL DIA
17
34

週末はどうやって過ごすのか、という話になった。私は例によってフットボールの試合を観に行くことにしていた。その週末はベンフィカ・リスボンの試合があることを予め調べていたので、

「フットボールの試合を観に行く」

と言った。私にとってベンフィカとは、黒豹エウゼビオを擁してヨーロッパ・チャンピオンに輝いた、かねてからの憧れのチームであった。

「私も一緒に行ってもいい？」

思いがけず声がした。ルイサだった。彼女は四人の中では少し変わっていたかもしれない。他の三人がどこかに観光に行く相談をしているのも一向に気にする様子も見せず、私と一緒にフットボールの試合を観に行くというのだ。

試合は単調だった。私が知っている全盛期からこのかた、長期の低迷に入っているとされていたベンフィカは精彩がなかった。スタジアムの

盛り上がりも今ひとつで、私とルイサは芝に半分寝ころび、ポップコーンを頬張りながら観るという具合であった。

試合が終わってスタジアムを出た私たちは、港に行ってみることにした。マゼランが世界一周の航路に船出した記念碑が建つ場所だ。海があるせいか、私は無口になった。しばらく二人並んで歩くうち、

「ホワッツ・ニュー」

とルイサが言った。いや、私には彼女が何か問うたように聞こえたと言った方が正しいだろう。私はぼんやり考え事をして歩いていたのだろうか、何も答えなかったらしい。

「ホワッツ・ニュー。ケイ」

再びルイサが言った。私は今度ははっきり聞いていたのだが、

「何？　ホワッツ・ニュー？　ン？」

という感じだっただろう。

「オゥ、ホワッツ・ニューの意味が分からなかったの？」

「あぁ、初めて聞いた」

「うーん、そうねぇ。どうしたの？　何考えてんの？　ぐらいの意味かなぁ」

「ふーん。ホワッツ・ニューか。いい言葉だと思う」

と私は答えた。心底そう思っていた。

長い一日

私は、愛すべき四人組に別れを告げて、夜行でマドリッドに向けて発った。マドリッドでの宿は、すれ違う旅人仲間との情報交換によって「アデラおばさんの宿」と決めていたので、そこで数泊した後、パリに急いだ。私は、旅の終焉に向けてどこか急いていた。

貧乏旅行では、宿代を浮かすために夜行列車での移動が多くなる。マドリッドからパリへも、いきおいそうなった。車内はがらがらで、首尾良くひとつのコンパートメントを占領できた。が、これが誤算だった。

国境越えの夜行列車で国境を越えるとき、最も煩わしいのがパスポートコントロールである。私は、ポルトガルからスペインに入るときの、あのしごく面倒な手続きを思い出していた。イミグレーションにより回収されたパスポートとチケットが各人に戻され、越境後、再びチェックがあるものと思いこんでいた。

夢の中で聞いていたようにも思う。微かな瞬間だった。カチッ……、カチャッ……、戦慄が走った。身構えたようにも思う。夢の中だった。遠ざかっていく足音を聞いていたようにも思う。すべて、夢の中だった。

翌朝、国境の駅も間近になってから目を覚ました私は、コンパートメントの中に残った、オレンジ色の大きなリュックをぼんやり見つめていた。もうひとつ、私がずっと抱え歩いてきた白いズックのセカンドバッグが、消えていた。迂闊にも、どうせもう一度出さなくてはならないからと、バッグに放り込んだまま寝入ってしまった、パスポートとロンドンまでのチケットと一緒に。

私はひとり、越境したフランス側の駅から、回送される列車に再び乗せられ、スペイン側に連れ戻された。駅のポリスで事情を説明すると、背の高い、口ひげを生やした警官のみ英語を話した。彼によれば、夕方五時に本署に来いとのことだ。私が、パリまで行ければ大使宛の紹介状もあると言ったので、何とかフランスへの入国許可証をもらってやるというのだ。

朝七時、国境の小さな町で、私の長い一日が始まった。駅前の小さな公園に入った。別に空腹を感じていた訳ではなかったが、他にすることもなかった。食べ残しを持ち歩いていたパンとマーガリンと水とで朝食を摂った。パンの表面にはうっすらとカビが生えている。マーガリンはというと、こちらの方にはベトベトの表面に緑色のカビがコロニーを作っている、という具合だった。私は慎重にそれらをそぎ取ると、今日一日の食事がまったく同じメニューになることを意識しながら、三分の一の朝食を済ませたのであった。

マドリッドを発つ前、トレドで買い求めた剣のお土産が壊れやすかったため、私はそれらをセカンドバッグに入れておいた。だからいつもは枕代わりにするそのセカンドバッグを、昨夜に限って出来なかった。パスポートだって、ポルトガルとスペインのパスポート・コントロールの煩わしさがなければ……、私はくどくどと考えていた。

日本を出てもう五か月を超えていた、旅という身体と精神に染みついた事実だけが、起こった事実に対して私を支えていた。撮り貯めたフィルム、メモ――あぁ、マリーナとラウラの住所も、ルイサの宛先も――の喪失感すら、厳然たる事実の前には無力だった。

旅に出る前、私は知人から、パリの日本国大使宛の紹介状をもらっていた。何か困ったことがあったら、というものだ。国境の小さな町から海岸沿いに二つ駅を戻ったところに、この地方の中心都市であるサン・セバスチャンがあった。そこにはフランスの領事部があることがわかっていたので、私はなけなしの残金の中から切符を買って、サン・セバスチャンに向かった。

フランスの領事館は駅前にすぐ見つかった。私は理由を話して、パリの日本国大使館に電話を入れさせてほしいとお願いするつもりだったのだ。貧乏旅行とは、元来、図々しさを供に従えて歩くようなものだが、それも長くなると、世間一般の常識の域などとうに超えてしまうらしい。私は、受付のフランス人女性に切り出した。

「ノン！　電話は外に公衆電話があるわ」

けんもほろろとはまさにこういうことを言うのだろう。彼女は自分の仕事に戻ったきり、私とカウンター越しに一メートル半と離れていないのに、二度と私の方を見ようともしなかった。私の理不尽なフランス人観は、この日一日中、私について回ることとなる。

夕方五時までどのように過ごしたのかは覚えていない。朝食をとった公園で、朝食と全く同じメニューの昼食をとったこと以外は。

五時に警察に行くと、朝、駅であった、背の高い口ひげの警官が出迎えてくれた。彼は私を署長室に連れていき、事情を通訳してくれたのである。署長が国境のフランス側入管に電話を入れ、証明書にサインしてくれるまで五分とかからなかった。

国道上にあるスペインとフランスの国境までパトカーで送ってもらった私は、背の高い口ひげの警官に礼を言うと、この旅で二度目の、徒歩による国境通過をしるした。私は駅まで歩いた。パリ行きの夜行列車がもうすぐだった。私はポケットの小銭を数えて、ボルドーまでの切符を買い、列車に飛び乗ったのだった。

私はボルドーでその列車を降りるかどうかためらっていた。切符はここまでしか持っていない。さりとてこの時間にボルドーに降り立ったところで、泊まるところもなければ金もない。ポケットに残っている僅かばかりの小銭で行けるところまで行こうか、この列車に誰か日本人は乗っていないだろうか、もし乗っていたらパリまでの運賃を貸してもらおう、パリに着けば、パリに着きさえすれば……と逡巡するうちに、列車は動き始めた。

しばらくすると検札がきた。マドリッド発パリ行きの夜行列車は、アラブ系の若者が結構多く乗り合わせていて、通路まで人があふれ、混んでいた。

小柄で白髪の老車掌が私のところにきた。私は切符を示した。

「この切符はボルドーまでだ」

老車掌は私の顔を覗き込んだ。私は、

「パリに着いたら残りの金を払うよ。オステルリッツから友人に電話をすれば持ってきてくれる」

と、老車掌は、へへン、この若造めがと言わんばかりに、

「この切符はボルドーまでだ！　あといくらある？　次の駅ですぐ降りるんだ！」

と息巻いた。

「この列車に誰か日本人は乗り合わせていないか。その日本人に金を借りれば……」

私が言い終わるか終わらないか、老車掌は、

「ノン、ノン、ノン、ノン。いくら持っている？　何、たったの三十二フランか。へヘン！　これじゃアングレムまでだな」

と言うと、乗り越しの切符を私に押しつけるように渡し、次に回っていった。

驚いたのはそれからだった。混み合っていた車内は、私と老車掌のやりとりをニヤニヤしながら見ている者もあったが、老車掌は乗り合わせた客という客に、

「あのジャポネを見ろよ。たった三十二フランでパリまで行く気だとよ。へヘン」

と、大声で説明して回っているのであった。私の先のコンパートメント

からは、好奇の目が次々に顔を出してはヒソヒソと話を交わし始めた。私はいたたまれなくなったが、とにかく次の駅までの間は我慢しなければならなかった。

私は先頭の車両からその列車を降りた。列車の最後尾に向かってゆっくり歩きながら、乗客の中に日本人の姿を探した。ホームには車掌が数人降りて、駅員と談笑している姿が見えた。あいにくその列車には、日本人は乗り合わせていなかった。

長い一日

手紙

チャオ！　マリーナ、ラウラ。ミラノではあんなに世話になったのに、とうとう君たちに手紙を出すことが出来なかった。こんなことになるなら、「帰国したら引っ越すから」などと言わずに、僕のその時の住所を教えておけば良かったと後悔している。

実は、あれからしばらく経って、僕は妻と一緒に君たちの住んでいたアパートを訪ねたんだよ。僕が覚えていたのは「B」がつく地下鉄の駅と、そこで乗り換える「五七番のバス」、そして終点。バス停からアパートに向かう道の左側には「BAR」、マリーナ、君がカプチーノを注文した店だ。それだけ。

市の観光案内所に行ってそれを話した。そうしたら「B」はBANDENELEのB、その駅の上の道を、確かに五七番のバスが通ることを教えてもらうことが出来たんだ。

僕は、いや僕たちは懐かしいターミナルに再び降り立った。「そうだ！　ここだ」

No.57の終点は、八年経ってもほとんど変わっていないようだった。でも僕は、最初は道を間違えてしまった。もう一度ターミナルに引き返して、今度は道の左側の、あのＢＡＲを慎重に探した。ところが「ＢＡＲ」がなかったんだ。いや、なかったのはＢＡＲの看板で、八年前には確かにそこにあった場所に、なんとなく見覚えのある建物が残っていた。僕らはその道を選んで進んだ。

ＢＡＲの看板を半ばぐらいの距離として、道の突き当たり――そこから曲がっているんだっけ？　その道はラウラのアパートまでで僕らには用は足りていたので、よく覚えていないけど――まで歩いた。右側の、黒い飾りの鉄格子のガレージ、その奥の壁づたいに二階に上る狭い階段……、ついに来た。

僕たちはすぐにでもアパートに入っていってラウラの部屋をノックし

ようと思ったけど、様子が分からない。そこでアパートの隣の食料品店で訊いてみることにしたんだ。僕はイタリア語は分からないから英語、その店のお嬢さんはその逆、苦労したけどラウラのことははっきりと覚えていてくれた。

「赤毛の?」

「ウン、ウン」

「ロングヘアで…」

でも、ラウラはつい最近引っ越してしまったばかりだった。今は二人の老婦人が住んでいるのだという。

「マリーナという子が一緒に住んでいただろう」

と訊ねたけれど、彼女は首を横に振るばかり、ラウラの転居先もついに分からなかった。

僕たちは店のお嬢さんに頼んで、今は別の人が住むアパートを見せてもらうことにした。懐かしい階段、ドアの色も変わっていない。二人のおばあちゃんは、はじめは何事かというように僕たちの顔をジロジロと窺っていたんだけど、ドアを開けて部屋の中を見せてくれた。

当たり前だけど、中の様子は全く変わっていた。僕は、さすがに部屋の中には入らなかったけど、「ああ、あそこはベッドがあった場所。僕が泊めてもらった部屋はあの奥」というふうに、急いで中を見渡した。君たちが梅干しを頬張って顔をクシャクシャにした様子が甦った。「味はハードだよ。気を付けて」と言ったのに。丸ごと口の中に放り込むのだもの。でも健康には一番さ……。グラッツィエを言ってアパートを出たよ。

僕は、君たちの行方を捜すのをあきらめていなかった。もう一つだけ方法を決めていたんだ。ほら、Bの駅の側の団地にラウラのお父様が住んでいらしただろう。団地の入り口の格子越しに挨拶をした場所だよ。

僕たちはBANDENELEに引き返した。

団地の入り口にある表札で「Bottegi」という名字を探したけど見つからない。この名前もうろ覚えだったけど、市の観光案内所で確認しておいたんだ。今度は駅の交差点にある食料品店で尋ねることにした。ここではイタリア語の会話辞典を片手に悪戦苦闘したけど、結局何も分からなかった。

ごめんね。マリーナ、ラウラ。結局君たちを見つけることは出来なかった。あんなに良くしてもらったのに。お礼を言いたかったよ。

グラッツィエ。グラッツィエ・タント!。マリーナ、ラウラ。

あとがき

この小旅行記は、今から三八年くらい前に振れ始めたであろうと思っている源動から、二五年前に確かにあった旅の記憶を経て、現在に至る旅の振幅である。

旅の写真は失くしてしまったから、旅の全ての生成物は風化し、マリンスノーのように沈殿している。それらの澱を汲む作業の幾度もの反芻が、この記を作りあげている。

尻尾のように付いているのは、澱への旅の振幅において新たに生成されてきた浮遊物であり、これらが澱に積和されたものである。

この小旅行記を、旅先で親切にしてくださった方々へ、私の怠惰ゆえに未だに挨拶も出来ないでいるお詫びと共に御礼として、小学校の恩師、松井純子先生に心からの感謝として、また、この刊行を石井隆夫君との約束の履行にあてる。

二〇〇三年一月

的場　契

その後

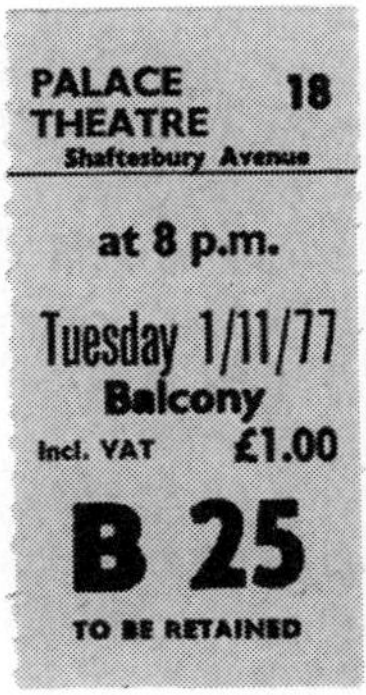
PALACE THEATRE
18
Shaftesbury Avenue
at 8 p.m.
Tuesday 1/11/77
Balcony
Incl. VAT
£1.00
B 25
TO BE RETAINED

松江

この街は、星が落としていったに違いない
海べりに臥せ
頭をもたげて
咆吼するように
彼方の星空を仰ぎながら
いつまでも
来るはずのない迎えを
　待っている

さっぽろ

となり町の海から吹いてくる風が
地上六・五メートルのところを
次の町へ、渡っていく
人々は何も気づかないように

さっぽろは
然とある

唐招提寺

唐招提寺
それは
日本人が持つことができなかった
　そして、今も持ち得ない
物象と時空の
　　　不
　　　　安です

SENDAI

若葉のかがやき
和紙の語らい
街路樹の黄
風花
うるわしき我が故郷
SENDAI

著者プロフィール

的場 契（まとば けい）

1954年　宮城県仙台市生まれ
　早稲田大学第一文学部卒業
　23年間の旅行会社勤務を経て、現在Nature Trust Australia c.o.o.
　オーストラリア、クイーンズランド州在住。

島影

2003年3月15日　初版第1刷発行

著　者　的場 契
発行者　瓜谷 綱延
発行所　株式会社文芸社
　　〒160-0022　東京都新宿区新宿1-10-1
　　電話　03-5369-3060（編集）
　　　　　03-5369-2299（販売）
　　振替　00190-8-728265

印刷所　株式会社平河工業社

ISBN4-8355-5343-8 C0095